LA RAÍZ DE MIS LETRAS

Diana López

LA RAÍZ DE MIS LETRAS
© Diana Iromi López Soriano
Diseño de portada: Diana López

Iª edición

© 2026

Reservados todos los derechos de publicación en cualquier idioma.

Según el Código Penal vigente ninguna parte de este o cualquier otro libro puede ser reproducida, grabada en alguno de los sistemas de almacenamiento existentes o transmitida por cualquier procedimiento, ya sea electrónico, mecánico, reprográfico, magnético o cualquier otro, sin autorización previa y por escrito de Diana Iromi López Soriano.
Su contenido está protegido por la Ley vigente que establece penas de prisión y/o multas a quienes intencionadamente reprodujeren o plagiaren, en todo o en parte, una obra literaria, artística o científica.

Diana López

LA RAÍZ DE MIS LETRAS

2026

Dedicatoria

Este libro es para ti,
que encontraste respuestas al destino cuando creíste no tenerlas,
que lograste lo que nunca soñaste
o que hallaste el camino aun sin buscarlo.

Es para ti,
que caminas con dudas, pero sigues,
que resistes sin aplausos
y que entiendes que la vida también se construye
desde el silencio y la convicción.

Y está dedicado, con amor y responsabilidad,
a mis sobrinas Samara Dayan, Ivanna Hadid y Azul Arizbeth.
Sepan que tienen una tía que no se cansa,
que lucha y clama por la justicia,
que cree en la dignidad,
y que escribe para que el mundo que habiten
sea un espacio más justo, humano y consciente.

No son simples ataques del enemigo, me están tirando a matar, pero debe ser hermoso lo que Dios ve en mí para que se lo permita.

Job 23:10

PRÓLOGO

En la historia, los números no solo cuentan: significan. Han sido utilizados para marcar sucesos, para fijar la memoria colectiva y para evitar el olvido. A veces, un número basta para recordar un año, una decisión o un punto de quiebre que cambió el rumbo de una comunidad.

Un ejemplo claro de ello se encuentra en Iguala de la Independencia, conocida también como la Ciudad Tamarindera. En el año 1832, Luis Gonzaga Vieyra ordenó la plantación de 32 árboles de tamarindo en la plaza principal de la ciudad, uno por cada unidad del año que no debía olvidarse.

No fue un gesto ornamental; fue un acto de memoria. Una forma de decirle al tiempo: aquí pasó algo que merece permanecer.

Ahí quedó sembrada una raíz.

Una raíz que no solo dio sombra y fruto, sino identidad. Una raíz que, con los años, sostuvo el nombre y el carácter de una ciudad histórica.

Retomo ese ejemplo porque las raíces no son solo botánicas ni urbanas; también son humanas. Y así como en 1832 se sembraron árboles para que un año no se borrara de la memoria, hoy, este 6 de enero de 2026, publico mi sexto libro como una forma de marcar un proceso, no un triunfo.

De señalar un origen, no una llegada.
Tener una raíz es importante.
En la vida.
En la escuela.
En el trabajo.
En cualquier espacio donde decidimos crecer.

Para mí, en mi faceta como escritora, la raíz ha sido más necesaria que el aplauso. Porque la raíz no se ve, pero sostiene. No presume, pero resiste. No compite, pero crece.

He aquí, la raíz de mis letras.

Este libro no nace solo con el propósito de dar a conocer una trayectoria. Nace, sobre todo, para cuestionar. Para incomodar una generación que juzga con facilidad y que, entre más juzga, más cree tener la razón. Una generación que muchas veces confunde opinión con verdad y ruido con conciencia.

Crecer no es un proceso lineal.
No todos los caminos suben en línea recta.
Las raíces, a veces, toman direcciones distintas, se desvían, rodean obstáculos, se enfrentan a piedras, a plagas y a sequías. Pero incluso ahí, uno decide si enderezar el crecimiento, si fortalecer el tronco o si abandonar el suelo.

Yo decidí enderezarlo.
No sin errores.
No sin dudas.
No sin heridas.

Pero con un objetivo claro: seguir adelante, aun cuando aparezcan pestes, críticas, juicios o silencios. Seguir creciendo con base en raíces firmes, raíces que me fijan al suelo y, al mismo tiempo, me elevan al cielo.

Porque una raíz bien plantada no te ata:
te sostiene.

Y este libro es eso:
una raíz visible,
una memoria consciente,
una invitación a crecer con criterio,
sin olvidar de dónde vienes
ni para qué sigues de pie.

INTRODUCCIÓN

Toda raíz crece en silencio.
Antes de tocar la luz, se hunde.
Antes de sostener un árbol, aprende a resistir bajo tierra.

La raíz de mis letras nace ahí: en lo invisible, en lo que no se aplaude, en lo que se construye sin testigos. No surge del éxito ni del reconocimiento, sino de la necesidad de sostenerme cuando nada parecía firme. Estas páginas no son fruto de la perfección, sino del proceso. De la paciencia. De la fe que se trabaja.

Este libro no fue escrito para enseñar a crecer, sino para contar desde dónde se crece.

No encontrarás aquí fórmulas para triunfar ni promesas fáciles. La vida no funciona como un manual de superación personal. Cada historia tiene su propio suelo, su propio clima, sus propias grietas. Por eso, este libro no dice "si yo pude, tú también puedes". Dice algo más honesto: todos crecemos distinto, y aun así merecemos respeto.

Mis letras tienen raíz en el miedo, sí, pero también en la esperanza. En el silencio, en la duda, en la fe, en el trabajo cotidiano. En la juventud que aprende a no romperse.
En la palabra que se escribe cuando todavía no se sabe si alguien la leerá. En la raíz que se extiende buscando agua cuando todo parece seco.

Aquí no se narra una llegada, sino un origen.
No un árbol terminado, sino la tierra removida.
No la copa que se ve, sino lo que sostiene.

Este libro fue escrito para acompañar, no para dirigir. Para sentarse contigo un momento y decirte que está bien no saber, que está bien crecer despacio, que está bien cambiar de rumbo. Que incluso cuando no ves frutos, la raíz sigue trabajando.

Si estás leyendo esto, quizá también estás buscando tu raíz. Tal vez no sabes aún qué forma tendrá tu árbol, ni hacia dónde crecerá. Y está bien. Porque antes de alzarse, toda vida aprende a afirmarse.

Lee estas páginas sin prisa, tómalas como quien observa la tierra y confía. Quédate solo con lo que te nutra.
Lo demás, déjalo ir.
Porque La raíz de mis letras no busca imponerse,
Solo quiere acompañarte mientras sigues creciendo
desde lo más profundo de ti.

CAPITULO 1
Donde nacen los libros y también las vocaciones

Hoy tengo 23 años y estoy a nada de recibirme como una profesional, como Ingeniera Industrial. Decirlo en voz alta todavía me sorprende. No porque no lo haya trabajado, sino porque no fue una carrera que estuviera en mis planes iniciales. Llegué a ella sin tener certezas absolutas, pero con una convicción clara: convertir un reto en una pasión.

La ingeniería apareció en mi vida como una posibilidad inesperada. Y poco a poco, sin imponerme nada, comenzó a revelarse. Conocí sus procesos, el control de la calidad, la higiene y la seguridad, la importancia del orden, de la mejora continua, de la toma de decisiones responsables. Pero, sobre todo, descubrí algo que transformó por completo mi mirada: las relaciones industriales.

Ahí entendí que la ingeniería no solo trata de números, sistemas o producción, sino de escuchar, de organizar, de comprender contextos, de acompañar procesos humanos. Descubrí que me apasiona tratar con las personas y convertirlas en talento, ayudarles a encontrar un área acorde a su vida o cualidades, tal cual Talento Humano. No como un concepto frío, sino como una visión profundamente ética y social del trabajo.

Encontrar esa vocación escondida fue como encender una luz en un espacio que no sabía que existía dentro de mí. Y fue precisamente en ese proceso de descubrimiento cuando, casi sin darme cuenta, las letras comenzaron a brotar con más fuerza.

A inicios del segundo semestre de la carrera, me convertí en escritora. No porque alguien me lo dijera, sino porque me atreví, me atreví a plantar la raíz de mis letras. Letras vivas. Letras que no nacieron de la técnica, sino de la necesidad y letras que se riegan con amor y paciencia, como todo lo que quiere permanecer.

Cada uno de mis libros nació de un momento distinto de mi vida. Ninguno fue planeado como producto final.
Todos fueron consecuencia.

El primero nació del dolor y de la esperanza, de la necesidad de entenderme y de acompañar a otros en su proceso emocional. Fue un libro imperfecto, vulnerable, escrito sin corrección de estilo y con más corazón que estructura. Pero fue honesto y eso bastó para dar el primer paso.

Los siguientes libros nacieron con mayor conciencia. Con más preguntas que respuestas, con una voz que comenzaba a reconocerse a sí misma. Algunos surgieron desde la salud mental, otros desde la memoria, desde la historia como huella en el caminar. Cada libro fue una etapa, cada página, una cicatriz transformada en palabra.

No escribí para figurar.
Escribí para entender.
Escribí para resistir.
Escribí para servir.

Mientras avanzaba en la ingeniería, también avanzaba en la escritura. Dos caminos que parecían opuestos, pero que en realidad se complementaban. La ingeniería me enseñó estructura, análisis y responsabilidad. La escritura me enseñó sensibilidad, escucha y profundidad.

Juntas, me formaron.

Hoy puedo decir que mis libros no nacieron del azar. Nacieron del proceso. Del aprendizaje constante, de la vida misma y así como en la ingeniería se mejora un sistema, en la escritura se afina la voz. Ambos caminos requieren paciencia, disciplina y amor por lo que se hace.

Y si algo he aprendido en este recorrido es esto: no hay vocaciones tardías ni caminos equivocados cuando se caminan con conciencia. A veces, la vida no te lleva por donde planeabas, sino por donde más puedes crecer.

Así nacieron mis libros.
Así nació mi vocación.

Y así sigo: escribiendo, aprendiendo y convirtiendo cada reto en una nueva forma de amar lo que hago.

CAPITULO 2
Cuando el sueño nace sin permiso

No vengo de una familia de renombre, no crecí rodeada de artistas, ni nací con un apellido que abriera puertas. No tuve padrinos en el gremio cultural, ni contactos que me allanaran el camino.

De hecho, cuando comencé a escribir, ni siquiera sabía qué era una corrección de estilo… mucho menos cuál sería mi propio estilo literario.

Yo era simplemente una joven de Iguala, Guerrero, con diecinueve años y un sueño que parecía demasiado grande para mis manos. Era finales del año 2020, el mundo estaba detenido, la incertidumbre era una sombra constante y la mayoría había dejado de creer en algo. Y, sin embargo, ahí estaba yo: sentada frente a una hoja en blanco, con la necesidad urgente de contar una historia… aunque todavía no entendía que esa historia sería la mía.

Nunca imaginé que ese pequeño impulso, casi insignificante, se convertiría en el inicio de una batalla contra mis propios miedos y contra todos los "no puedes" que escucharía en el camino.

Comencé sola, sin técnica, sin guía, sin experiencia.

Pero con una convicción poderosa: la de demostrar que el talento no nace únicamente en las grandes ciudades, ni en los apellidos influyentes, ni mucho menos en los círculos privados donde parece que todo está decidido de antemano. El talento también nace en lugares humildes, en corazones que arden por crear, y en jóvenes que se atreven a comenzar aun cuando no saben cómo.

A medida que entré al mundo cultural, descubrí que no estaba sola. Conocí artistas que luchaban con la misma pasión, escritores que también habían empezado desde cero, y figuras históricas que confiaron en mí cuando yo todavía dudaba de mi propio valor. Fue así como la vida me presentó a grandes personajes del ámbito literario.

Cada encuentro, cada puerta que se abrió, cada escenario al que subí con temor y esperanza me enseñó algo esencial: No necesitas permiso para brillar, no necesitas reconocimiento previo para comenzar.

No importa si nadie cree en ti todavía. Basta con que creas tú.

Este libro es para quienes se sienten pequeños en un mundo que exige grandeza constante.

Para quienes han sido silenciados por el miedo o por la falta de oportunidades.

Para aquellos que sueñan con ser escuchados, vistos y reconocidos, pero sienten que el peso de la realidad los ahoga.

Si algo aprendí en estos años es lo siguiente:

El éxito no tiene edad, no tiene apellido, no tiene padrinos.
El éxito nace donde alguien se atreve a intentarlo.

Y hoy estoy aquí para contarlo.

CAPITULO 3

Escribir desde el miedo

Comenzar mi primer libro fue como intentar construir una casa sin herramientas, sin planos y sin arquitecto. Tenía la idea, tenía la necesidad urgente de escribir, pero no tenía la menor idea de cómo se hacía un libro. No sabía sobre correcciones, sobre estructura, sobre estilo. Ni siquiera sabía si lo que estaba escribiendo podría considerarse literatura. Pero algo dentro de mí gritaba que debía hacerlo.

Me senté frente a la pantalla, con un documento en blanco que me parecía un universo desconocido. Mis manos temblaban, no por miedo, sino por la responsabilidad que sentía sin entenderla completamente. Lo único que sabía era que tenía algo que decir, aunque todavía no descubría qué era exactamente. Después de escribir los primeros capítulos, decidí buscar editoriales.

Creía ingenuamente que bastaba con tocar la puerta correcta para recibir apoyo. Empecé a cotizar con distintas casas editoras, esperando una guía, una orientación humana. Y sí, algunas me brindaron asesoría verdadera, se tomaron el tiempo de explicarme cómo se construye un libro desde cero, qué significaba editar, corregir, maquetar, publicar.

Pero otras solo hablaron de números, de costos fríos, tiempos, paquetes y cifras que parecían imposibles.

No estaba mal, aunque lo entendí después porque para muchos, los escritores somos un negocio. Y en ese momento yo era solo una joven desconocida, sin trayectoria y sin apellidos importantes que dieran respaldo o prestigio.

Sin embargo, cuando escuché el precio real de publicar, sentí que mi sueño se rompía en mil pedazos.

¿De dónde iba a sacar dinero? Si no lo tenía.

Mi familia tampoco.

Y si lo hubiéramos tenido, habría sido para cosas más urgentes: arreglar la casa, pagar cuentas, cubrir necesidades básicas.

¿Cómo justificar que ese dinero se invirtiera en el "capricho" de una joven de 19 años?

Me desanimé, pensé en rendirme.

Creí que ese sueño era demasiado grande para una realidad tan pequeña. Pero no solté la pluma.

Continué escribiendo durante un año entero, sin saber si alguna vez vería mi libro impreso, sin saber si alguien lo leería, sin saber si valía la pena seguir. Pero seguí.

Escribía de madrugada, escribía cuando me sentía rota, escribía cuando nadie creía que fuera posible. Y poco a poco descubrí que mi libro no era solo un proyecto: era mi forma de hablarle al mundo.

Hoy me pregunto qué quería decirle al lector que ni siquiera tenía- ¿Qué quería decirle al público que aún no existía? ¿Qué mensaje quería entregarle a la vida?

Tal vez quería demostrar que los sueños también nacen en hogares humildes.

Que la falta de recursos no es una condena, que no se necesita dinero para comenzar, solo valentía y que una hoja en blanco puede convertirse en un puente hacia lugares inesperados.

Y quizá, sin saberlo, quería decirme a mí misma que sí podía.

Que, aunque no tuviera apellido, contactos ni dinero, tenía algo más poderoso: la convicción de que ningún sueño es demasiado pequeño, y ninguna realidad es demasiado grande para detenernos.

No solo por la falta de conocimientos técnicos o editoriales, sino porque estaba luchando contra algo mucho más profundo: mis propios demonios internos.

Hubo meses enteros en los que no pude escribir ni una sola línea. Me sentaba frente a la pantalla vacía y permanecía inmóvil, sintiendo cómo las palabras se evaporaban antes de llegar a mis dedos. Tenía la idea, tenía la intención, tenía el sueño, pero no tenía fuerza. Me sentía agotada emocionalmente, como si cada pensamiento fuera demasiado pesado para convertirlo en letras.

Aprendí que la motivación no es una cuerda mágica que aparece cada mañana.

A veces se esconde y duele. Y a veces desaparece sin explicación y te deja en silencio.

Vivimos en un mundo sube y baja: días de euforia y días de vacío. Días en los que crees que puedes conquistar lo imposible y otros en los que te cuesta incluso levantarte de la cama. Y en ese vaivén emocional, escribir parecía una batalla perdida.

Yo me adentré en el océano literario con el miedo constante de ahogarme en el intento de nadar hacia la isla del reconocimiento. Cada página era una brazada, cada bloqueo creativo era una ola gigantesca que amenazaba con hundirme. A veces sentía que el mar era más fuerte que yo, que mis sueños eran demasiado pesados para sostenerlos en el agua. Pero no dejé de mover los brazos, aunque fuera lentamente.

Y entonces llegó la pregunta más difícil:

¿Cómo voy a escribir sobre salud mental si ni siquiera soy profesional en el tema?

¿Con qué derecho iba a hablar del dolor, de la ansiedad, del sufrimiento emocional, si apenas estaba aprendiendo a sobrevivirlo?

¿Cómo pretender hablar desde un lugar de autoridad cuando yo misma todavía tenía cicatrices abiertas? ¿Quién iba a tomarme en serio si no tenía títulos, estudios especializados ni credenciales?

Pero un día entendí algo que cambió todo: No se necesita ser experto para hablar desde el corazón.

No se necesita un diploma para compartir lo que se ha vivido.

A veces, la voz que más necesitamos escuchar no es la del especialista, sino la de alguien que estuvo ahí, que sintió lo mismo, que sobrevivió y decidió transformar el dolor en algo útil.

Yo no soy doctora.

No soy psicóloga.

Soy una paciente más, una sobreviviente más, una joven que tocó fondo y que decidió no quedarse ahí. Y desde ese lugar quise escribir, no como instructora, sino como acompañante. Porque hay historias que se escriben para enseñar, y otras que se escriben para abrazar.

Y si mi voz llegaba a alguien que estaba pasando por lo mismo, si mis páginas podían salvar una vida, sostener una mano, o hacer que alguien no se sintiera solo, entonces valdría más que cualquier título o reconocimiento.

Ese fue el verdadero motor del libro.

No la fama.

No el aplauso.

No el dinero que no tenía.

Sino la necesidad de decirle al mundo, y sobre todo a mí misma:

Estoy aquí.

Sobreviví.

CAPITULO 4

El punto final que lo cambió todo

Terminar el manuscrito fue, sin exagerar, uno de los actos de valentía más grandes de mi vida. No porque fuera perfecto, de hecho, estaba lleno de errores. Sino porque implicó llegar hasta el final de algo que muchos creyeron imposible. Y, sobre todo, porque significó no rendirme cuando parecía que ya no tenía fuerzas.

Después de meses de silencios, bloqueos y batallas internas, un día me senté y decidí que no me levantaría hasta terminar lo que había comenzado. No fue una escena cinematográfica con música de fondo y lágrimas cayendo. Fue más simple y real: una tarde común, un café frío olvidado en la mesa, y un corazón decidido. Escribí durante horas, sin mirar el reloj, hasta que finalmente lo sentí…Y ese punto final que no solo cerraba un libro, sino que abría una nueva etapa de mi vida.

Pero, aunque la última palabra estaba escrita, yo seguía sin saber qué hacer con ella. No tenía los recursos para publicar y, en mi mente, ese sueño seguía siendo demasiado grande para mí. Entonces tomé una decisión que cambiaría todo: hablarlo con mi médico.

Un día, después de una sesión particularmente difícil, reuní el valor para contarle que estaba escribiendo un libro y que quería publicarlo. Lo dije con miedo, como si estuviera confesando algo prohibido. Yo esperaba una sonrisa amable o una palmadita de "qué bonito sueño". Pero en lugar de eso, él me miró con seriedad y me dijo algo que jamás olvidaré:

"Si ya lo escribiste, no lo escondas. El mundo necesita más voces valientes."

Y fue él quien me habló sobre la plataforma Kindle Direct Publishing de Amazon. Me explicó que era una forma accesible de publicar de manera digital, sin necesidad de invertir miles de pesos que no tenía. Esa información llegó como un faro en medio del mar. Por primera vez sentí que tal vez sí era posible.

Salí de esa consulta llena de esperanza y me puse manos a la obra.

Revisé requisitos, formatos, lineamientos. Aprendí lo que nunca nadie me enseñó. Corregí, organicé y di forma a ese manuscrito que nació entre lágrimas, silencios y noches en vela.

Todo lo hice sola, en silencio, guardando el secreto más grande de mi vida y mi familia no sabía nada, no era porque no confiara en ellos, sino porque temía que intentaran protegerme diciéndome que era imposible, que era un riesgo, que era mejor esperar. A veces, incluso las palabras que vienen del amor pueden convertirse en cadenas sin querer.

Yo necesitaba demostrarme a mí misma que podía hacerlo.

Y así, casi sin creerlo, llegó el día: publiqué mi libro digital. Presioné el botón con las manos temblando, sintiendo que el corazón iba a escaparse por la boca. No había aplausos, no había prensa, no había público. Era solo yo, mi pantalla y ese sueño que acababa de hacerse real.

Lo que no imaginé fue que meses después tendría el libro en mis manos, impreso, tangible, oliendo a tinta y a logro. Sostenerlo por primera vez fue como cargar a un hijo recién nacido: un amor inexplicable, una victoria que nadie podrá quitarme jamás.

Ese día confirmé algo que cambió mi vida para siempre:

Los sueños no se cumplen cuando todo está a favor.

Los sueños se cumplen cuando te atreves a trabajar por ellos aun cuando todo parece en contra.

CAPITULO 5

Cuando los sueños dejan de ser sueños

El 1 de enero del 2022 publiqué mi primer libro: "Un nuevo amanecer, un nuevo día."

Mientras el mundo celebraba el inicio de un año más, yo estaba celebrando el inicio de mi vida como escritora. Ese día presioné el botón de publicación y, unos minutos después, anuncié la noticia en redes sociales. No sabía qué esperar, tenía miedo de las críticas, de la burla, del silencio. Pero ocurrió todo lo contrario.

Comenzaron a llegar mensajes de felicitaciones y buenos deseos, tanto de personas cercanas como de gente que nunca había visto en mi vida. Comentarios llenos de apoyo que me hicieron sentir acompañada en ese salto al vacío. Y entonces sucedió algo que jamás olvidaré:

Vi mi libro publicado oficialmente en la tienda de Amazon.

Mi corazón se llenó de una alegría indescriptible.

En ese instante, mi mente viajó al pasado.

A mi yo de siete años, esa niña que soñaba con ser escritora y que escuchó muchas veces que del arte "no se vive", que los escritores se mueren de hambre, que soñar era una pérdida de tiempo. Volví a ella mentalmente y la abracé. Le dije que sí era posible, que los sueños sí se cumplen cuando trabajas por ellos. Que aunque no tengas un apellido de peso, ni dinero, ni contactos, puedes llegar lejos y aun cuando vienes de abajo y te conviertes en algo, tocas el cielo con los pies firmes en la tierra. Mi familia se enteró igual que todos los demás: por mi publicación en redes sociales. Me llamaron sorprendidos, preguntando por qué nunca les había dicho nada. Algunos no entendieron por qué lo hice en silencio; otros me felicitaron con orgullo sincero.

Yo solo sabía que era necesario guardarlo hasta el final, que Dios y yo camináramos juntos esa ruta sin ruido.

Porque sí, Dios me regaló mi primer libro.

Pero no como muchos piensan: no cayó del cielo impreso, ni apareció por magia, ni fue el resultado de sentarme a esperar. Hay quienes creen que los creyentes pedimos sin hacer nada, que Dios es una máquina de deseos instantáneos. No lo es.

Dios te da herramientas, te abre caminos, te coloca señales y te entrega oportunidades. Pero eres tú quien debe tomarlas y trabajar.

Y eso hice yo: trabajar, creer, insistir y confiar.

A los pocos días de haber publicado, recibí un mensaje inesperado: un maestro promotor cultural me invitaba a presentar mi libro en su programa de arte y cultura, a través de una transmisión en vivo. Sentí que el corazón quería salirse del pecho. Yo, una joven desconocida de 19 años, con apenas un libro digital recién publicado, estaba siendo invitada como escritora.

Dije que sí sin pensarlo.

No sabía qué iba a decir, no sabía si mi voz temblaría, no sabía si alguien realmente escucharía. Pero era la primera puerta que se abría… y decidí cruzarla.

Porque aprendí que cuando la vida te llama, respondes. Y cuando el sueño finalmente te encuentra, no dudas, caminas.

Aunque había aceptado la invitación para presentar mi libro en esa transmisión en vivo, la verdad es que estaba llena de nervios. Nunca he tenido miedo de hablar en público; desde muy niña participé en concursos de declamación, poesía, cuento corto y obras de teatro. Hablar frente a una audiencia siempre fue algo natural para mí. Me hacía sentir viva, segura, poderosa. Siempre supe que mi voz tenía fuerza y que debía usarla para decir algo que valiera la pena.

Pero esta vez era distinto.

No era un escenario frente a cientos de personas ni un concurso escolar.

Era una cámara, una transmisión en vivo.

Un espacio en el que cualquier error quedaría grabado para siempre y cada palabra mal dicha podría convertirse en una crítica viral. Y eso me aterraba. Minutos antes de iniciar, mis manos temblaban, mi respiración se aceleraba y mi corazón golpeaba como si quisiera escaparse de mi pecho. No estaba nerviosa por el público, sino por la idea de verme expuesta ante un mundo que a veces olvida que detrás de una pantalla hay un ser humano real.

Llegó el momento de la entrevista, entonces nos sentamos, encendimos las luces, prepararon el audio y comenzamos a conversar.

Me preguntó sobre mi libro:

> De qué trataba.

> Cuál era el mensaje principal.

> Por qué había decidido publicarlo de manera digital.

Mientras hablaba, sentí que el miedo se iba transformando en luz. Contar mi historia en voz alta fue como volver a escribir el libro, pero esta vez sin esconderme. Cada palabra me liberaba un poco más de las dudas, del miedo y de la inseguridad que habían acompañado el proceso.

Sin embargo, aunque estaba ahí presentándome como autora, frente a un público y en un programa cultural, dentro de mí no me consideraba escritora todavía. Sentía que era solo una joven intentando abrirse camino entre las letras, sin guía, sin experiencia, sin apoyo técnico ni académico. Una aprendiz que estaba dando sus primeros pasos y que aún no sabía si estaba caminando en la dirección correcta.

Pero ese día entendí algo fundamental: No te conviertes en escritor cuando otros te reconocen.

Te conviertes en escritor cuando tienes el valor de compartir tu voz con el mundo.

Y eso fue exactamente lo que hice: hablar, expresar, creer y dejar que mi historia comenzara a abrir puertas donde antes solo había muros.

HE AQUÍ

He aquí,

frente a un público que no existía,

hoy me mira,

hoy confía,

y me aplaude con su energía.

No porque siempre creyó en mí,

sino porque aprendí a seguir,

porque aun con miedo y con fe,

decidí quedarme y resistir.

Aplauden no solo el final,

sino el trayecto recorrido,

no el destello superficial,

sino el silencio sostenido.

He aquí,

con cansancio en la piel,

y la esperanza firme y fiel,

de pie,

sin huir,

otra vez.

Aprendí que la paciencia es amor

que trabaja sin prisa ni voz,

que siembra aun sin ver la flor

y confía en el tiempo y en Dios.

La resiliencia no es no caer,

es levantarse y comprender

que las grietas dejan ver

que el alma aprende a crecer.

Hoy no corro,

camino en calma,

hoy no grito,

habito mi alma.

La esperanza ya no espera más,

elige quedarse y avanzar,

aunque tiemble,

aunque duela,

aunque cueste volver a empezar.

He aquí,

frente a un público que llegó

porque nunca me fui,

porque cuando nadie miró,

yo seguí.

Y si mañana el aplauso se va,

mi voz no se perderá,

porque el triunfo verdadero está

en no dejar de ser

y en volver a intentar.

Diana López

CAPITULO 6

Promesa de las letras igualtecas

Hay gestos que no se olvidan. No porque vengan de la fama o del reconocimiento público, sino porque llegan en el momento exacto y justo en el que una persona más lo necesita. Este capítulo nace desde ahí: desde la gratitud profunda hacia quien, aun teniendo un nombre consolidado, una trayectoria sólida y una vida dedicada a la historia y la cultura, decidió apoyar a una joven que apenas comenzaba.

Cuando mi libro se presentó en la Feria Iguala 2022, en el Museo Yoallan, no era una obra perfecta. No lo era en lo técnico ni en lo editorial. Era un libro digital, con errores ortográficos, sin corrección de estilo, sin la estructura pulida que se espera de una publicación "formal". Era, en muchos sentidos, un libro vulnerable, como lo era yo.

Y, aun así, él aceptó.

Aceptó comentarlo.

Aceptó presentarlo ante un público que yo no conocía.

Lo hizo con respeto, con altura humana y con una generosidad que no se aprende en los títulos ni en los años, sino en la conciencia. Pudo haber dicho que no, pudo haber señalado las carencias, pudo haberse protegido en su trayectoria. Pero eligió algo más valioso: apostar por una joven que estaba aprendiendo a caminar.

Ese gesto marcó mi camino.

Porque cuando alguien con experiencia decide no aplastar, sino acompañar, no solo impulsa una obra: dignifica un proceso. Me enseñó, sin decirlo, que el conocimiento no sirve de nada si no se comparte, y que la cultura no se construye desde la soberbia, sino desde la responsabilidad con quienes vienen detrás.

Yo no llegué a ese escenario como escritora consagrada. Llegué como una joven con miedo, con ilusión y con un libro imperfecto en lo digital.

Y, aun así, fui tratada con respeto.

Eso no se olvida. Eso se honra.

Hoy miro atrás y agradezco profundamente esa confianza. Agradezco no solo el comentario de mi obra, sino la enseñanza silenciosa: creer en alguien cuando aún no es "alguien" ante los demás. Porque ese tipo de apoyo no busca reflectores, pero cambia destinos.

Este capítulo existe para decir gracias.

Gracias por no cerrar la puerta.

Gracias por no mirar hacia otro lado.

Gracias por demostrar que la verdadera grandeza también sabe inclinarse para levantar a otros. Porque a veces, una sola persona que cree en ti es suficiente para que no abandones el camino.

Y yo no lo abandoné.

El 17 de noviembre de 2022 es una fecha que quedó grabada para siempre en mi memoria. Ese día llegó a mis manos algo que durante mucho tiempo creí imposible: mi primer libro en tapa blanda. Solo había pedido dos ejemplares a Amazon. Dos. Porque todavía me parecía irreal, porque aún tenía miedo de ilusionarme demasiado.

Durante meses me había resignado a pensar que mi libro solo existiría de manera digital. Que tocarlo, olerlo, sostenerlo entre mis manos, era un privilegio reservado para quienes tenían dinero, poder socioeconómico o apellidos de renombre. Yo había creído que para cumplir mis sueños necesitaba todo aquello que no tenía. Creí que las puertas se me cerrarían, incluso antes de intentar abrirlas, creí que había caminos prohibidos para quienes venimos desde abajo.

Pero Dios tenía otros planes.

El paquete venía desde Estados Unidos. Tan solo sostenerlo entre mis manos hacía que mi corazón saltara de emoción. Sabía lo que había dentro, y aun así me costaba creerlo. Estaba sola, acompañada únicamente por mi silencio y por la fe que me sostuvo durante todo el proceso. Decidí grabar el momento, no por vanidad, sino porque sabía que ese instante marcaría mi vida para siempre.

Abrí el paquete con manos temblorosas.

Y entonces lo vi...

Mi libro.

Mi nombre.

Mi historia hecha papel.

Las lágrimas comenzaron a rodar por mis mejillas sin permiso. No eran lágrimas de tristeza, sino de gratitud. Agradecí a Dios por ser el centro de mi vida, por haberme dado la fuerza cuando no tenía nada más, por haber puesto las señales correctas en el momento justo, por haberme sostenido cuando dudé de mí misma.

Ahí estaba: mi primer libro, nacido del silencio, del miedo, de la fe, de la constancia y del amor. Lo abracé como quien abraza un sueño cumplido. Sentí el peso de sus páginas y comprendí que no era solo un objeto, era la prueba viva de que los límites muchas veces existen solo en nuestra mente.

Ese día entendí que no necesitas dinero para soñar, ni poder para creer, ni apellidos para trascender. Lo único que necesitas es no rendirte, incluso cuando el mundo te hace creer que no eres suficiente.

Y así, en la compañía de mi soledad, con un paquete en las manos y el corazón lleno de gratitud, confirmé algo que hoy quiero dejarte claro a ti, lector:

Cuando confías, trabajas y perseveras, los sueños sí llegan.

*** Tal vez no como los imaginaste, pero llegan.***

CAPITULO 7

Cuando la voz encuentra eco

Después de la llegada de mi primer libro en físico, las invitaciones comenzaron a llegar. No de manera masiva ni inmediata, pero sí con un significado profundo: alguien estaba escuchando. Alguien había leído, alguien creyó que mi historia y mi voz podían servir a otros.

La primera invitación que recibí fue para impartir una conferencia a jóvenes de la preparatoria de la que egresé. Volver a ese espacio fue emocionalmente intenso. No regresaba como alumna, ni como espectadora, sino como una joven que había decidido usar su experiencia para acompañar a otros. Esa conferencia fue la primera vez que me asumí públicamente como alguien que tenía algo importante que decir.

El tema fue "Salud mental en tiempos de pandemia".

Y no fue una elección al azar.

Elegí ese título porque fue en plena pandemia cuando escribí mi libro y cuando me atreví a publicarlo. Porque mientras el mundo se detenía, yo estaba luchando por no hacerlo. Porque escribí sin compañeros, sin amigos cerca, sin personas nuevas, sin escenarios, sin aplausos.

Solo Dios y yo.

Hablé desde la vivencia, no desde la teoría. Desde el miedo, desde la ansiedad, desde el encierro, desde la incertidumbre que nos atravesó a todos, pero que en los jóvenes dejó cicatrices profundas. No fui como experta, sino como alguien que sobrevivió y decidió compartir el camino recorrido. Vi en esos rostros reflejos de lo que yo había sido, y entendí que mi historia no había sido en vano. Estudiantes se acercaron temerosas a pedirme que las ayudara a buscar ayuda, esas jóvenes tan valientes que desde aquí les envío un abrazo.

Ese mismo año, 2022, después de mi presentación en el Museo Yoallan durante la Feria Iguala, participé también en la Feria del Libro en el marco del Día Internacional del Libro, que en aquel entonces se celebró en la alameda de mi ciudad. Fue un momento significativo, no solo por el evento en sí, sino porque representaba un espacio de reconocimiento para los libros, la lectura y quienes escribimos desde el esfuerzo propio.

Desde esa fecha, no ha habido más eventos municipales dedicados al Día del Libro en mi localidad. Y esa ausencia me ha llevado muchas veces a preguntarme:

¿Por qué no dignificar al escritor?

¿Por qué no reconocer al escritor independiente que viene de abajo, que se autofinancia, que aprende solo, que insiste sin respaldo institucional?

¿Por qué seguimos creyendo que la cultura solo vale cuando viene de fuera o cuando tiene un sello de prestigio?

- o   El escritor independiente no escribe por moda.
- o   Escribe por necesidad.
- o   Escribe porque callar le duele más que insistir.

Yo sigo creyendo que escribir desde abajo también es un acto de resistencia. Que cada libro independiente es una forma de decir: aquí estoy, existimos, también somos cultura. Y aunque a veces el silencio institucional pesa, el impacto en una sola persona basta para seguir.

Porque cuando una voz encuentra eco, aunque sea en unos cuantos corazones, ya ha cumplido su misión.

Con el paso del tiempo comprendí que representar causas sociales a través de las letras no es un título que una se adjudique con ligereza, ni una etiqueta para buscar reflectores.

No basta con llamarse activista o escritora para serlo. Es una carga emocional real, silenciosa y constante, que implica responsabilidad, coherencia y una lucha interna permanente.

Durante mucho tiempo peleé conmigo misma. Me hice menos, me resté valor, me minimicé solo porque aún no sabía cómo hacer las cosas. Confundí el proceso de aprendizaje con incapacidad, y la falta de experiencia con falta de mérito. Me exigí perfección cuando apenas estaba comenzando. Y eso, sin darme cuenta, me dolió más que cualquier crítica externa.

Lo que ha ocurrido desde que me atreví a cumplir mi sueño ha sido como dar la vuelta al mundo navegando sin mapa, cruzando mares inciertos, intentando llegar a la isla más cercana de las letras. A veces sentí que avanzaba; otras, que el océano era demasiado grande y yo demasiado pequeña. Pero incluso en medio del cansancio, nunca dejé de remar.

Combinar el estudio con la escritura fue uno de los mayores retos. En aquel entonces era estudiante, tenía horarios, tareas, responsabilidades académicas que cumplir. Y de pronto comenzaron a llegar entrevistas, invitaciones para hablar, espacios donde debía dar un mensaje. Tenía que cumplir con mi jornada escolar, hacer tareas por las tardes y, al mismo tiempo, prepararme emocional y mentalmente para hablar frente a cámaras, micrófonos y audiencias.

No era fácil.

Había días en los que el cuerpo pedía descanso, pero la responsabilidad pedía presencia.

Porque para mí, la comunicación con el lector y con el oyente siempre ha sido un acto serio, casi sagrado. Nunca quise improvisar un mensaje, nunca quise hablar por hablar. Cada entrevista, cada palabra, cada silencio, los sentí como un compromiso con quien estaba del otro lado escuchando.

Entendí que escribir sobre causas sociales no es solo contar una historia; es sostenerla. Es cargar con las expectativas, con el dolor ajeno, con las historias que te confían quienes se ven reflejados en tus palabras. Y eso, aunque no siempre se diga, pesa.

Pero también entendí algo esencial: no tengo que saberlo todo para ser honesta. No debo tener todas las respuestas para acompañar. A veces, basta con caminar con integridad, con humildad y con la certeza de que cada paso, por pequeño que parezca, está construyendo algo más grande.

Hoy sé que no me hice menos por no saber.

Me hice fuerte por atreverme a aprender.

Y mientras sigo navegando entre estudios, letras y convicciones, sigo creyendo que la voz que nace desde la verdad, aunque tiemble, siempre encuentra su lugar.

CAPITULO 8

Escribir la historia aún cuando la estás viviendo

Cuatro años pueden parecer poco tiempo, pero cuando se viven intensamente, cuando se lucha cada día por no perder la esencia, cuatro años pueden transformarte por completo. Desde que inicié este camino como escritora, no solo crecí en palabras: crecí como mujer, como ser humano y como conciencia.

Mientras construía mi voz en el mundo literario, también era una joven estudiante de Ingeniería Industrial. Espacios que, en teoría, debían hacerme sentir segura, acompañada y protegida, se convirtieron muchas veces en escenarios de juicio, culpa y señalamiento. Aprendí, de la manera más dura, que sobresalir no siempre es celebrado, y que el éxito, cuando viene de una mujer joven, suele incomodar.

Durante mucho tiempo me hicieron sentir culpable.

Culpable por destacar.

Culpable por ser constante.

Culpable por no encajar.

Pero hoy lo digo con claridad y sin miedo: no es tu culpa, y nunca fue mi culpa, que terceras personas se sintieran menos a mi lado. Yo nunca intenté ser más que nadie.

Siempre he tenido muy claro quién soy en cada espacio de mi vida.

En la escuela, soy estudiante. No soy escritora.

Solo estudiante.

En mi casa, soy hija, no soy figura pública. Solo hija.

En la calle, soy una joven que desea vivir, disfrutar su juventud de manera sana, sin excesos ni máscaras. Respeto las formas de diversión ajenas, pero no todas las comparto. Siempre me he considerado una joven de antaño, de convicciones firmes, de silencios largos y de principios claros.

Y, aun así, eso no fue suficiente para evitar las críticas.

Ser escritora, ser visible, ser constante, me expuso a burlas, a comentarios malintencionados, a la sexualización de mis logros, como si el talento de una mujer siempre tuviera que explicarse desde su cuerpo y no desde su esfuerzo. Hubo docentes que se convirtieron en agresores silenciosos, catedráticos que normalizaron la violencia diciendo que "es parte del éxito", que te criticaran solo porque destacas.

También aparecieron los pseudopsicólogos, aquellos que intentan confundirte, que te culpan, que distorsionan tu percepción para proteger intereses ajenos, para cumplir favores, para sostener estructuras de poder disfrazadas de normalidad. Todo parecía una red cerrada, una mafia invisible, un camino sin salida donde la víctima termina cuestionándose a sí misma más que a quienes ejercen la violencia.

Pero esa historia, la más dura, la más dolorosa, la contaré en otro momento. Porque merece ser narrada con el cuidado, la profundidad y la verdad que exige.

Hoy quiero decir esto: el crecimiento personal no llega cuando todo va bien. Llega cuando decides no romperte. Cuando aprendes a poner límites, cuando entiendes que no tienes que pedir perdón por ser quién eres y cuando comprendes que tu valor no depende de la aprobación de quienes nunca se atrevieron a hacer algo con su propia vida.

Estos años me enseñaron a madurar emocionalmente, a no callar por miedo, a no achicarme para encajar, a reconocer que la culpa no siempre es tuya, aunque el mundo intente convencértelo.

Y si estás leyendo esto y te sientes identificado, quiero que lo sepas:

No estás exagerando.

No estás equivocándote por brillar.

No tienes que dejar de ser tú para que otros se sientan cómodos.

A veces, crecer duele. Pero crecer también libera.

En estos cuatro años he aprendido a soltar y a sostener. A dejar ir lo que ya no me pertenece y a aferrarme solo a lo que me construye. He aprendido a soñar sin ingenuidad y a replantear mis metas y planes de vida con los pies en la tierra y el corazón despierto. Entendí que madurar no es renunciar a los sueños, sino aprender a perseguirlos con responsabilidad y conciencia.

En medio de todo, logré terminar la carrera.

Hoy me encuentro dando los siguientes pasos hacia la titulación, y con ello demostré algo que muchas veces me dijeron que era imposible: sí se puede estudiar y escribir al mismo tiempo.

Sí se puede cumplir con la academia sin abandonar la vocación. Sí se puede construir más de un sueño a la vez, aunque el camino sea cansado y silencioso.

Con el tiempo, personas soñadoras se han sumado a mi barca. Algunas llegaron sin anunciarse, otras han estado desde aquel 2022, cuando el mundo comenzó a conocer a una joven que se atrevió a escribir y a creer. Aquellos que confiaron en mí desde el inicio siguen aquí, firmes, acompañando el proceso, entendiendo que crecer también implica pausas, tropiezos y redefiniciones.

Hoy volteo atrás no para reprochar, sino para agradecer. Agradecer a quienes confiaron en mí cuando aún no había resultados, cuando solo había intención, cuando creer en mí era un acto de fe.

Ese día entendí que no se trata de a quién conoces, sino de qué tan auténtico es tu mensaje.

Hoy, desde la calma que da la experiencia, agradezco a quienes siguen a mi lado, apoyándome sin condiciones, creyendo incluso cuando el camino se vuelve incierto. Gracias por quedarse, por confiar. Gracias por no soltar mi mano cuando aprender dolía.

Porque crecer no siempre es avanzar rápido,

a veces es resistir con dignidad,

y otras, simplemente, agradecer.

Hubo un momento en este camino en el que entendí que escribir no solo era narrarme a mí, sino atreverme a narrar lo que nos pertenece a todos. Ese momento llegó cuando decidí escribir la historia institucional de mi alma mater:

Instituto Tecnológico de Iguala.

No era una tarea sencilla, ni era un encargo común. Y, sobre todo, no era algo que se esperara de una estudiante.

Aun así, me atreví.

Escribir la historia de una institución no es solo recopilar fechas o nombres; es asumir la responsabilidad de honrar la memoria colectiva, de entender los procesos, las luchas, los logros y las decisiones que dieron forma a un espacio que ha transformado vidas. Yo lo sabía, y aun así di el paso.

Quedé para la historia al atreverme.

No por soberbia.

Sino por convicción.

Mientras aún cursaba mis estudios, decidí investigar y escribir los 35 años de historia del instituto: desde cuando fue extensión del Instituto Tecnológico de Chilpancingo, con sede en Tuxpan, hasta su consolidación como Instituto Tecnológico de Iguala, con sede en el Periférico Poniente de la ciudad. Fue un recorrido que exigió disciplina, respeto y sensibilidad.

- Escuché historias.
- Leí archivos.
- Reconstruí trayectorias.

Y, sin darme cuenta, también me reconstruí a mí.

Hubo sorpresa, claro que hubo duda y hubo silencios incómodos.

No todos comprendieron por qué una estudiante se atrevía a escribir lo que históricamente "correspondía" a otros. Pero entendí algo fundamental: la historia no pertenece solo a quienes ya llegaron, también a quienes están caminando. Y escribirla desde dentro, mientras aún formas parte de ella, es un acto profundamente honesto.

No escribí desde la nostalgia, sino desde la pertenencia.

No desde la distancia, sino desde el compromiso.

Ese libro no fue solo un documento institucional; fue un acto de identidad. Fue reconocer a quienes abrieron camino antes y a quienes hoy lo siguen transitando.

Fue decir que la juventud también puede custodiar la memoria y narrarla con respeto.

Este capítulo de mi vida me enseñó que no hay que esperar a "tener permiso" para aportar. Que ser estudiante no invalida la voz, que la valentía también se escribe. Y que algunas decisiones no solo te transforman a ti, sino que te inscriben en la memoria colectiva.

Porque hay historias que se escriben después de vivirlas.

Y otras, las más valientes se escriben mientras aún están sucediendo.

CAPITULO 9

La fe cuando el juicio cuestiona

Estar en el ojo público no siempre se siente como un privilegio. Muchas veces se siente como caminar sobre un suelo frágil, donde cualquier paso en falso puede romperlo todo. Cuando comienzas a ser visible, te vuelves vulnerable. Sabes que una palabra mal dicha, una frase sacada de contexto o un mensaje equivocado puede condenarte a burlas, señalamientos y juicios que no siempre buscan comprender, sino destruir.

Yo también lo viví.

Fui víctima de violencia digital. Y decirlo no me debilita, me libera. Porque durante mucho tiempo creí que debía callarlo, minimizarlo o resistir en silencio. Hoy puedo decir con firmeza que aquello no me define. Me dolió, sí. Me confundió, también. Pero con el paso del tiempo aprendí a entenderlo, a nombrarlo y a ponerle límites.

Me entristece profundamente ver cómo las redes sociales, que podrían ser espacios de diálogo y construcción, se utilizan tantas veces para denigrar a quienes sobresalen. Cómo se excusa el odio bajo la llamada "libertad de expresión", olvidando que la palabra también hiere, que el mensaje atraviesa pantallas y llega a personas reales, con emociones reales.

He leído comentarios que desean la muerte, que culpan, que minimizan, que atacan sin conocer.

Y sé que, en muchos casos, ese tipo de violencia ha llevado a otros al borde del suicidio.

Eso no es libertad.

Eso es violencia.

Hubo momentos en los que dudé. Momentos en los que pensé en retirarme, en guardar silencio, en protegerme escondiéndome. Pero fue ahí, justo ahí, cuando la fe se convirtió en mi sostén. No como un escape, sino como un ancla. Y claro, mi guía, mi refugio y mi fuerza cuando las voces externas intentaron hacer más ruido que mi propia convicción. Gracias por estar.

Hoy sonrío. No porque todo haya sido fácil, sino porque sigo de pie. Agradezco a Dios por darme la fortaleza de continuar, por sostenerme cuando flaqueé, por permitirme estar aquí, escribiendo para ti, compartiendo no solo una historia, sino una verdad.

Si tú estás pasando por algo similar, si has sido señalado, atacado o herido por palabras ajenas, quiero decirte esto:

No eres lo que dicen de ti.

No eres el error que cometiste.

No eres la violencia que recibiste.

Eres lo que decides hacer con eso.

Y si hoy sigo aquí, escribiendo, creyendo y caminando, es porque entendí que la fe no me alejó de la realidad: me dio la fuerza para enfrentarla.

Gracias

Gracias al paso fiel de cada día,
al tiempo que enseñó sin preguntar,
a la fe que sostuvo mi agonía
cuando dolía más que continuar.

Gracias a quien llegó sin hacer ruido,
cuando el alma cansada iba a ceder,
a quien quedó conmigo en lo vivido
sin exigir promesas ni poder.

Gracias al silencio que formó voz,
a la noche que supo acompañar,
a las lágrimas vistas solo por Dios
que aprendieron despacio a descansar.

Gracias a quienes hoy siguen aquí

y a quienes supieron soltar su lugar,

pues todos dejaron algo en mí

que me enseñó otra forma de amar.

Y gracias a mí, por no claudicar,

por quedarme cuando quise huir,

por volver a empezar, por intentar,

por aprender a creer y seguir.

Diana López

CAPITULO 10

Cuando la fe se convierte en acción

Después de atravesar la crítica, el juicio y la exposición pública, comprendí que la fe no podía quedarse solo como refugio interior. La fe también exige movimiento y creer no basta si no estás dispuesto a actuar con coherencia. Y así, casi sin darme cuenta, mi camino comenzó a abrirse hacia nuevos espacios donde la palabra no solo consuela, sino que incide.

El compromiso de seguir escribiendo para transformar realidades no se limitó a las páginas de un libro. Ni el camino de la ingeniería ni el de la literatura, por sí solos, lograban contener todo lo que necesitaba expresar. Había algo más profundo: la responsabilidad de usar la voz cuando se te ha concedido.

Fue entonces cuando incursioné en el ámbito legislativo. No desde la ambición del poder, sino desde el sentido del servicio. El 13 de marzo de 2025, siendo aún estudiante, participé en el Parlamento de Mujeres Guerrerenses en el Congreso del Estado de Guerrero. Llegué ahí con una convicción clara: hablar por quienes muchas veces no son escuchadas.

Presenté iniciativas para prevenir y erradicar la violencia de género en el nivel medio superior y superior. No eran ideas improvisadas; nacían de la vivencia, de la observación, del dolor que no se debe normalizar y de la fe que me enseñó que el silencio también puede ser una forma de complicidad.

Porque cuando tienes una voz, debes usarla en beneficio de los demás.

Y cuando se te permite pisar escenarios tan grandes no por su estructura física, sino por el impacto que generan, debes hacerlo con propósito social. Un palacio legislativo no es solo un edificio; es un espacio donde las palabras pueden convertirse en protección, y las ideas, en justicia.

Mi propósito siempre ha sido el mismo: servir.

Vivir para servir.

Y servir de corazón.

Desde entonces, comenzaron a llegar oportunidades para participar en parlamentos y talleres legislativos realizados en el Senado de la República y en la Cámara de Diputados, en la Ciudad de México. Espacios que imponen, que exigen preparación y templanza, pero que también enseñan que la juventud no está condenada a la apatía.

Más allá de ideologías partidistas o colores políticos, creo firmemente que debemos ser jóvenes críticos, pero pensantes.

Jóvenes que no se dejen llevar por la burla fácil ni por el descrédito automático. He visto cómo se ridiculiza a quienes participan en estos espacios, pero no me engancho con ello.

Porque si tengo la oportunidad de utilizar las plataformas legislativas más importantes del país para llevar un mensaje de vida, para abrir conversaciones necesarias o para lograr un cambio desde la trinchera que sea, lo voy a hacer.

La fe que me sostuvo en la tormenta hoy se traduce en acción consciente. La palabra que antes me salvó, hoy busca proteger a otros.

Y el miedo que una vez me paralizó, hoy se transformó en responsabilidad.

Porque creer también es actuar y servir, una de las formas más honestas de trascender.

CAPITULO 11

Cuando alguien te sostiene

En el camino literario, además de libros, escenarios y silencios, aparecen personas. No llegan por casualidad, llegan cuando más lo necesitas, cuando estás cansada, cuando dudas, cuando incluso tú misma ya no sabes cómo sostenerte. Llegan en momentos en los que el cuerpo sigue avanzando, pero el alma empieza a flaquear.

Así llegó Don Elías un nombre que puede parecerte ficticio, pero es presencia real a mi vida.

No fue un encuentro grandilocuente ni un momento extraordinario. No hubo discursos ni promesas, fue sencillo, como suelen ser los vínculos verdaderos. De esos que no se anuncian, pero se sienten. Poco a poco, su voz se convirtió en guía, su palabra en calma y su presencia en un referente para continuar de pie en medio de esta batalla literaria que muchas veces se libra en soledad.

Don Elías no me dijo qué escribir.

No me impuso caminos.

No me corrigió desde la superioridad.

Me sostuvo desde la humanidad.

Hay personas que no te cargan, pero te enseñan a no caer. Que no te prometen respuestas, pero se quedan contigo mientras atraviesas las preguntas. Que creen en ti incluso cuando tú misma has dejado de hacerlo por un momento. Y eso, en ciertos tramos de la vida, lo es todo.

Cuando el cansancio pesaba más que la ilusión, cuando la crítica comenzaba a hacer ruido, cuando el proceso se volvía abrumador y parecía que todo esfuerzo era invisible, ahí estaba esa voz firme recordándome que no todo se mide en resultados, que el camino también importa y que resistir, muchas veces, ya es una forma de victoria.

Con el tiempo comprendí algo fundamental: nadie llega lejos completamente solo.

Incluso las personas más fuertes, las más decididas, necesitan en algún punto que alguien las sostenga. No desde la dependencia, sino desde el acompañamiento consciente. Desde el respeto mutuo, desde la fe compartida en aquello que todavía no se ve, pero se cree.

La red de apoyo no siempre es grande ni ruidosa. A veces es una sola persona, a veces es una palabra dicha en el momento justo. A veces es alguien que te mira con honestidad y te recuerda quién eres cuando tú ya lo olvidaste. Y eso, para un joven que comienza a abrirse camino, puede marcar la diferencia entre continuar o rendirse.

Pero también aprendí algo igual de importante y necesario decirlo con claridad: no todas las personas que parecen buenas lo son. Incluso en la cultura, incluso en los espacios que se suponen seguros, existe la maldad, el interés oculto, la manipulación disfrazada de ayuda. No toda mano extendida busca sostener; algunas buscan controlar, aprovecharse o apagar.

Por eso, mientras construyes tu camino, cuídate. Aprende a escuchar tu intuición. No idealices a nadie. El respeto verdadero no invade, no presiona, no condiciona. La guía auténtica acompaña sin imponer, orienta sin humillar y se alegra de tu crecimiento, incluso cuando ya no te necesita cerca.

Don Elías se convirtió en fortaleza y esperanza no porque resolviera mis batallas, sino porque me recordó que yo podía seguir librándolas. Porque creyó en mí cuando yo apenas estaba aprendiendo a hacerlo y porque me enseñó, con su ejemplo, que la guía verdadera no empuja ni invade: acompaña.

Este capítulo existe para reconocer eso.

Que en el camino siempre hay alguien que aparece para recordarte quién eres, que todo es mérito individual y la gratitud también es una forma de justicia.

Pero también para advertir con amor: elige bien a quién dejas caminar contigo. Tu sueño es valioso, tu proceso es frágil y tú dignidad no debe ponerse en riesgo por aceptación, por miedo o por necesidad.

Y si hoy sigo de pie, no es solo por mi fuerza,

sino por quienes, en silencio y con honestidad,

me ayudaron a no caer cuando más lo necesitaba...

y por haber aprendido, también, a cuidarme en el camino.

CAPITULO 12

Habitar en la historia desde la cultura

Formar parte del primer Comité de la Jornada Cultural Plan de Iguala fue una de esas experiencias que no se buscan, pero que llegan cuando el camino ha sido honesto. Ser invitada por el Gobierno del Estado de Guerrero, a través de la Secretaría de Cultura del Estado, significó para mí mucho más que una distinción institucional: fue una confirmación de que la palabra, cuando se sostiene con propósito, puede abrir espacios de trascendencia.

A mis 22 años, ser parte de la primera jornada cultural histórica para la ciudad que dio origen a la Bandera Trigarante, al Ejército Trigarante y al nacimiento de la Independencia de México, fue un honor profundo y una responsabilidad enorme. No solo estaba participando en un evento cultural; estaba habitando la historia desde el presente, desde una ciudad que no solo se recuerda, sino que se vive.

Iguala no es cualquier lugar.

Es cuna de símbolos.

Es memoria viva.

Y formar parte de un esfuerzo colectivo para resignificar su legado desde la cultura fue, para mí, un acto de amor y de conciencia.

Estuve rodeada de maestras y maestros de renombre, de artistas visuales, de artistas escénicos, de promotores culturales que llevan la cultura no como un discurso, sino como una forma de vida. Personas que, desde sus propias trincheras, trabajan incansablemente para que el arte llegue a las comunidades más alejadas, a los espacios más vulnerables, a donde casi nunca llegan los reflectores, pero donde más se necesita la palabra, la música, la imagen y la memoria.

Yo era una joven entre trayectorias consolidadas.

Una estudiante rodeada de experiencia viva y lejos de sentirme pequeña, me sentí llamada a aprender.

Cada conversación fue una lección. Cada mirada, un recordatorio de que la cultura no se improvisa: se cuida, se defiende y se comparte. Vi en mis compañeros no solo talento, sino vocación. No solo conocimiento, sino compromiso. Personas que entienden que la cultura no es un lujo, sino un derecho, y que trabajar por ella es también una forma de justicia social.

En medio de todo, comprendí algo esencial: las juventudes no estamos llamadas solo a recibir la historia, sino a continuarla. No desde la arrogancia, sino desde la responsabilidad. No desde el ruido, sino desde el trabajo constante. Estar ahí no significaba ocupar un lugar por edad o por discurso, sino asumir un compromiso real con la memoria, con la identidad y con el futuro.

Ese comité fue un espacio de encuentro intergeneracional. Un diálogo entre quienes han caminado largo tiempo y quienes apenas comenzamos. Y en ese diálogo entendí que el relevo no se impone: se construye con respeto, con escucha y con gratitud.

Hoy miro ese momento con orgullo sereno. No como un logro individual, sino como parte de un proceso colectivo que honra a Iguala no solo por lo que fue, sino por lo que puede seguir siendo. Porque cuando la cultura se vive con conciencia, la historia deja de ser pasado y se convierte en presente activo.

Y ahí estuve yo, una joven rodeada de la experiencia viva de mis compañeros, aprendiendo, observando y confirmando que servir desde la cultura también es una forma de amar a la tierra que nos vio nacer.

Cuando tomé protesta el 16 de enero de 2025, mi corazón se hizo tan grande que no cabía en mi pecho. Fue uno de esos instantes en los que el tiempo parece detenerse y la vida te permite comprender, aunque sea por unos segundos, que todo lo recorrido tuvo sentido. Agradecí a Dios con humildad y con asombro por permitirme estar ahí, por sostenerme hasta ese momento y por recordarme que los sueños, cuando se viven con propósito, también se convierten en servicio.

Ahí estaba yo: una joven rodeada de maestras y maestros, de trayectorias largas y voces firmes. Y en medio de ese espacio, algunas personas comenzaron a llamarme maestra. Al principio lo escuché con sorpresa, incluso con pudor. Pero después entendí que no siempre se enseña desde un aula ni desde un título.

Sí, llámenme, maestra.

No por un nombramiento académico,

sino porque he enseñado con mi vida que la dignidad no se negocia.

Porque he demostrado que la juventud puede servir, que no es sinónimo de improvisación ni de ligereza. Porque confirmé, con hechos y no solo con palabras, que hay cultura para los jóvenes para la cultura, y que ambos se necesitan mutuamente para seguir vivos.

Formar parte de este proceso también me permitió ver lo que muchas veces permanece oculto. Descubrí todo lo que hay detrás de cada evento cultural: la planeación cuidadosa de la cartelera oficial, la elección de cada actividad, el diseño del logotipo, la atención a detalles que podrían parecer insignificantes, pero que en realidad sostienen todo. Nada es casual. Nada es pequeño cuando se hace con vocación.

Cada decisión, cada ajuste, cada diálogo previo, es una muestra de amor por lo que se hace. Ahí entendí que la cultura no es solo el escenario iluminado ni el aplauso final. La cultura también es trabajo silencioso, es organización, es compromiso, es cuidado. Es la suma de muchas manos que creen en algo más grande que ellas mismas.

Eso es la cultura, el amor por la vocación.

La certeza de que lo que se hace no es para lucirse, sino para permanecer. Y mientras observaba, aprendía y participaba, confirmé que servir desde la cultura es una de las formas más honestas de honrar la historia y de construir futuro.

Ese día no solo tomé protesta, ese día reafirmé mi compromiso con mi ciudad y con mi generación.

Y con la convicción de que cuando se trabaja con dignidad y conciencia, la cultura no se consume: se vive.

CAPITULO 13

Cuando la voz encuentra corazones

Cada conferencia impartida ante universitarios fue, para mí, un acto de fe. Jóvenes como yo, con sueños, metas y anhelos tan grandes como frágiles, se sentaban frente a mí cargando preguntas que muchas veces no se atreven a decir en voz alta. Y siempre estaba ahí ese límite invisible que nos atraviesa a todos: el miedo.

Antes de cada charla me lo preguntaba en silencio:

¿Cómo lograré tener su atención?, ¿Cómo escucharán a una joven universitaria a la que tantas veces le dijeron que solo jugaba a ser escritora?, ¿Cómo hablar con autoridad cuando todavía estoy aprendiendo?

No era fácil.

A veces el nervio pesaba más que la voz y sentía que la duda quería ganar.

Pero, aun así, me paraba frente a ellos.

Aprendí que no se necesita imponerse para ser escuchada. Se necesita verdad. Cuando hablo, no lo hago desde la superioridad ni desde un pedestal; hablo desde la experiencia, desde la herida, desde la esperanza que también me sostiene a mí. Y quizá por eso, poco a poco, el silencio se volvía atención y la atención, escucha.

Con la ayuda de Dios, lograba tocar dos emociones aparentemente opuestas: mantener al público atento y, al mismo tiempo, llevarlo a la tristeza necesaria que despiertan los temas sensibles que abordo. Porque no todo lo que duele debe evitarse; a veces, lo que duele también sana. He visto miradas quebrarse, silencios largos, respiraciones profundas. He visto jóvenes reconocerse en una historia que creían solo suya y también he visto adultos reconocer las heridas de su infancia y verse reflejados en mí, a ellos también los abrazo.

Y entonces entendí que mi labor no era entretener, sino acompañar.

Si mi voz logra tocar el corazón de una sola persona, si alguien sale de esa sala sintiéndose menos solo, más comprendido o un poco más fuerte para seguir, sabré que todo habrá valido la pena. No mido el impacto por aplausos, sino por las miradas que bajan la cabeza para llorar en silencio, por los mensajes que llegan después, por los "gracias, necesitaba escuchar esto".

Cada conferencia me recordó que no estoy jugando a ser escritora. Estoy usando la palabra como puente. Estoy creyendo que hablar con honestidad puede salvar, sostener y despertar conciencias.

Y mientras Dios me permita seguir de pie, seguiré hablando. Porque el miedo nos limita, sí, pero la voz, cuando se comparte con amor, libera.

No quiero que estas páginas se lean como un manual de superación personal ni como una consigna vacía de "si yo pude, tú también puedes". La vida no funciona así. Cada historia es distinta, cada proceso tiene su propio ritmo, cada herida duele de manera diferente y cada persona carga batallas que no siempre se ven.

No todos sueñan con lo mismo.

No todos parten del mismo lugar.

No todos tienen las mismas oportunidades ni fuerzas en el mismo momento.

Y eso también está bien.

El mensaje que intento dejar en cada conferencia, y ahora en este libro, no es que todos debamos llegar al mismo lugar, sino que nadie merece ser descalificado por estar buscando su propio camino. No se trata de compararnos, ni de medir quién avanza más rápido, ni de cumplir expectativas ajenas. Se trata de vivir con honestidad, de no traicionarnos a nosotros mismos y de caminar con dignidad, aun cuando el trayecto sea lento o incierto.

Si algo quiero sembrar es esperanza, sí, pero una esperanza que no presione, que no culpe, que no exija resultados inmediatos. Una esperanza que permita descansar cuando sea necesario y volver a intentar cuando se pueda. Una esperanza que diga: está bien no saber, está bien detenerse, está bien cambiar de rumbo.

A veces, el simple hecho de seguir respirando, de levantarse una vez más, de pedir ayuda, ya es un acto enorme de valentía. No todo logro se mide en aplausos ni en metas cumplidas. Hay triunfos silenciosos que nadie ve, pero que sostienen la vida entera.

Por eso, cuando hablo frente a jóvenes como yo, no intento convencerlos de nada. Solo quiero que sepan que no están solos en la duda, que no son débiles por sentir miedo y que su valor no depende de encajar en un molde de éxito que no siempre les pertenece.

Si mi voz puede ofrecer un poco de calma en medio del ruido, un espacio seguro para pensar, sentir o simplemente existir, entonces mi labor tiene sentido. No para marcar un camino, sino para recordar que hay muchos posibles.

Y que todos, incluso los más frágiles, merecen ser vividos con respeto y esperanza.

QUERIDO LECTOR

Si llegaste hasta aquí, no fue casualidad.

Nadie recorre esta historia por accidente. Tal vez llegaste buscando respuestas, consuelo o una señal. Tal vez estás cansado, cansada, de sentir que tus sueños pesan más que tus fuerzas. Tal vez alguien te hizo creer que no eres suficiente, que no perteneces o que llegaste tarde.

Quiero decirte algo con claridad y sin rodeos: no hay nada roto en ti.

Este libro no fue escrito para decirte cómo vivir, ni para colocarse por encima de nadie. Fue escrito para acompañarte. Para recordarte que se puede comenzar sin saber, sin dinero, sin contactos, sin reconocimiento. Que se puede dudar y aun así avanzar. Que se puede caer y levantarse con dignidad.

Yo tampoco tuve certezas, también sentí miedo y quise rendirme.

Pero aprendí que la fe no es solo creer en silencio, sino levantarse y actuar. Que los sueños no se negocian, se trabajan. Y que el verdadero éxito no está en llegar lejos, sino en no olvidar para qué llegaste.

Si eres joven y sientes que nadie te toma en serio, no te apagues.

Si vienes de abajo, no te avergüences.

Si tu camino es distinto, no te disculpes.

No necesitas permiso para intentarlo.

No necesitas encajar para ser valioso.

No necesitas ser perfecto para comenzar.

Habrá días en los que te sentirás solo, incomprendido o cansado. Días en los que el ruido del mundo querrá apagar tu voz. En esos días, recuerda esto: seguir de pie también es una forma de valentía.

Cree en la palabra con propósito.

Cree en el trabajo honesto.

Cree en la dignidad que no se negocia.

Cree en servir sin esperar aplausos.

Y si algo quiero que te lleves de estas páginas es esto:

Sí se puede.

Sí, incluso desde el silencio.

Sí, incluso cuando nadie apuesta por ti.

Sí, incluso cuando el miedo te acompaña.

Que este libro no termine aquí.

Que continúe en tus decisiones, en tus acciones, en la forma en que eliges tratar a los demás y a ti mismo. Que cuando dudes, recuerdes que alguien más también dudó... y siguió.

Gracias por leerme.

Gracias por quedarte.

Gracias por creer, aunque sea un poco más, en ti.

Porque mientras haya alguien dispuesto a intentarlo con fe y propósito, la historia todavía no está escrita del todo.

ESPACIO PARA EL LECTOR

ACERCA DEL AUTOR

Nacida el 21 de agosto de 2002 en Iguala de la Independencia, Guerrero, es Ingeniera Industrial por parte del TecNM-Iguala, cuenta con un Diplomado en Integración de la Inteligencia Artificial en Escenarios de Aprendizajes por parte del Tecnológico Nacional de México avalado ante la SEP.

Mujer Igualteca, soñadora, versátil, impetuosa, pero sobre todo honesta y noble de corazón así es Diana Iromi, una joven Escritora, desde muy pequeña soñó con escribir un libro, milagro que dio como resultado 5 libros que muchos ya conocemos y hemos disfrutado.

En 2022 publicó su primer libro: "Un nuevo amanecer; un nuevo día", para el 2023 publica su segundo libro titulado ''Los enigmas de la infancia'', ese mismo año 2023 publica su tercer libro titulado: "La magia sigue".

En enero de 2024, publica su cuarto libro titulado "Aquí estoy otra vez", y en octubre del 2024 publicó su quinto libro titulado: "Crónicas del Tecnológico Nacional de México-Iguala".

Ella, ha conocido el rechazo de la sociedad que no comprende su corazón de niña, joven y ahora mujer, con ansias de sobresalir, de crecer: desde los siete años supo lo que quería ser, ESCRITORA, y con mucho esfuerzo se ha ido abriendo paso entre esta sociedad que no le gusta verse rebasada por corazones impetuosos y soñadores.

Transcurrieron 23 años y cinco meses para que pudiera tener su sexto libro, que con orgullo y corazón logra culminar, este libro no solo habla del peregrinar en el ámbito de la escritura, sino, sobre cómo sobrevivir en mundo en decadencia de valores, principios, amor al prójimo, donde el valor de la vida se ha minimizado y valor de la mujer se sigue denigrando, el materialismo es el común denominador de nuestra sociedad, donde es más aceptado denigrar a una persona que los principios de hermandad, cariño y amor a nuestros semejantes.

Diana no te detengas tu vida y tus letras tienen un propósito, todos tus sinsabores en largo camino de tu corta, pero, exitosa carrera, te llevan a un fin a un propósito que tú conoces.

Vuela, vuela alto Diana Iromi que el cielo y el infinito sean tu limite.

Anónimo

OBRAS DE SU AUTORIA

Made in the USA
Coppell, TX
30 January 2026

70544527R00056